Henriette Wich

Der Kampf um das Licht

Mit Bildern von Timo Grubing

Ravensburger

Bibliografische Information der Deutschen Nationalbibliothek:

Die Deutsche Nationalbibliothek verzeichnet diese Publikation
in der Deutschen Nationalbibliografie.
Detaillierte bibliografische Daten sind im Internet
über http://dnb.d-nb.de abrufbar.

1 2 3 4 5 E D C B A

Postfach 24 60, 88194 Ravensburg
Text in Einfacher Sprache: Yvette Wagner
Umschlagbild: Timo Grubing
Konzept Leserätsel: Dr. Birgitta Reddig-Korn
Design Leserätsel: Sabine Reddig
Printed in Germany
ISBN 978-3-473-36140-3

www.ravensburger.de

Inhalt

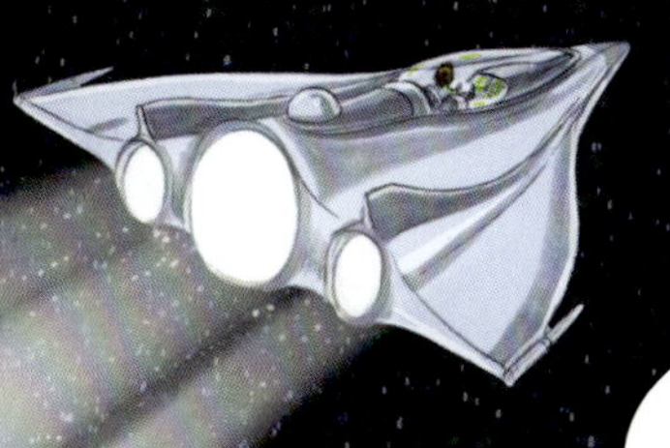

Keine Angst
vor schwierigen Wörtern!
Sie werden dir im Glossar
auf S. 56/57 erklärt.

Ein Stein aus dem Weltall

Taro steht mit dem Roboter Quark auf dem Balkon. Die Sonne geht auf und Taro schaut in die Ferne. Er sagt zu Quark: „Unser Planet Glora ist der schönste im ganzen Weltall!“

Plötzlich hören sie ein lautes Geräusch. Was war das? Taro rennt zu seinem Vater Simson. Simson, Taro und Quark wollen wissen, was los ist.

Sie fliegen auf einem Teppich über die Berge zum Meer. Am Strand sind viele Menschen. Sie starren auf etwas. Taro entdeckt seinen Freund Nelix und geht zu ihm.

Nelix flüstert: „Ein Me·te·o·rit ist auf den Strand gestürzt.“

Taro starrt auf den Stein – der plötzlich flimmert.

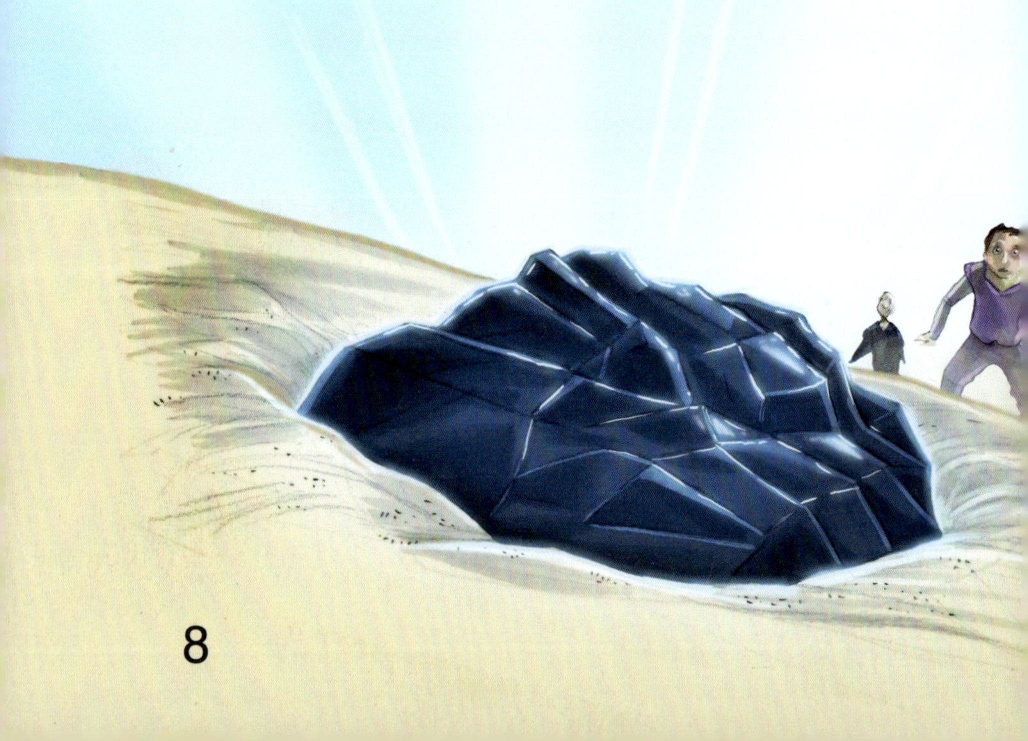

Taro weiß: Wenn etwas vor seinen Augen flimmert, sieht er gleich Bilder aus der Zukunft.

Und so ist es. Taro sieht,
dass mit der Sonne etwas
nicht stimmt. Sie wird immer
schwächer. Die Blätter fallen
von den Bäumen. Es wird
schrecklich kalt. Die Menschen
frieren und werden krank.
Am Ende müssen sie Glora
verlassen!

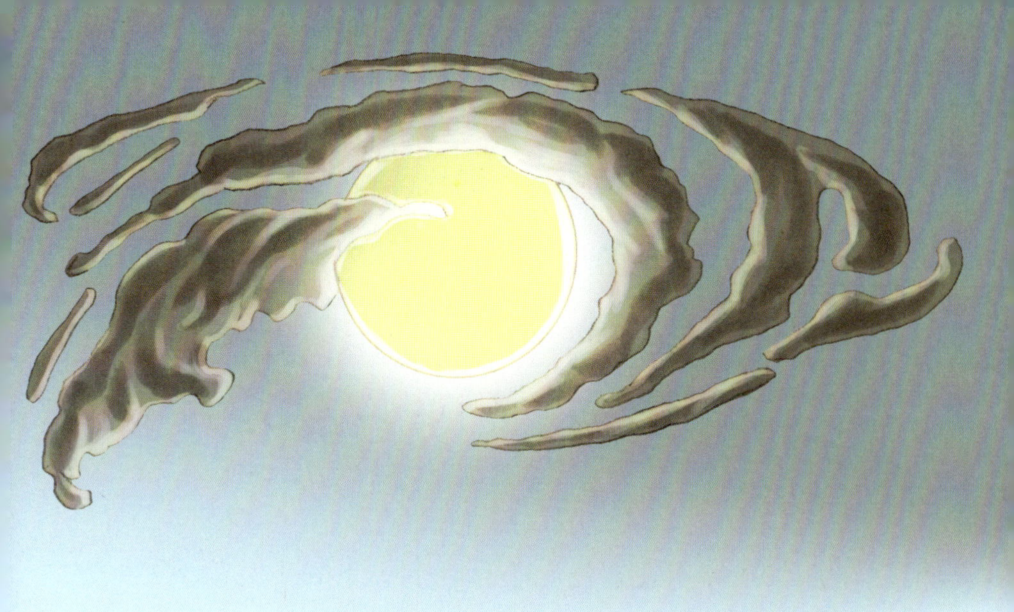

Der Stein hört auf zu flimmern.
Nur Kinder können Bilder
aus der Zukunft sehen. Die
Erwachsenen wissen noch
nichts.

Simson fragt: „Was habt ihr erfahren?“
Ein Junge antwortet: „Unser Planet ist in Gefahr. Die Sonne wird schwächer.“

Alle schweigen.

Simson überlegt: „Vielleicht können wir Glora retten: Jemand muss mit dem Raumschiff zum Planeten Kauturn fliegen. Dort soll es Stollen unter der Erde geben mit reinem Licht. Das Licht lässt sich in Kapseln füllen. So kann man das Licht mitnehmen! Aber es gibt ein Problem. Königin Zoe von Kauturn lässt keine Fremden auf ihren Planeten."

Wer ist der Beste?

Ein paar Tage später findet ein Wettkampf statt.

Die Teilnehmer kämpfen mit Schwertern, die lang und biegsam sind. Deshalb heißen sie Schlangen·schwerter.
Der Sieger darf nach Kauturn fliegen! Es soll ein Kind sein. Es soll heimlich landen und in die Stollen schleichen.

Taro läuft mit anderen ins Stadion. Die Zuschauer klatschen. Es gibt drei Runden. Zuerst muss Taro gegen Futor kämpfen. Er überrascht ihn mit einem Angriff und gewinnt.

In der zweiten Runde hat er
einen stärkeren Gegner. Aber
Taro siegt auch über Patak.

Im Finale kämpft Taro gegen seinen Freund Nelix. Nelix grinst. Taro grinst tapfer zurück. Nelix geht im Kreis um Taro. Taro dreht sich mit, er kann Nelix ausweichen.

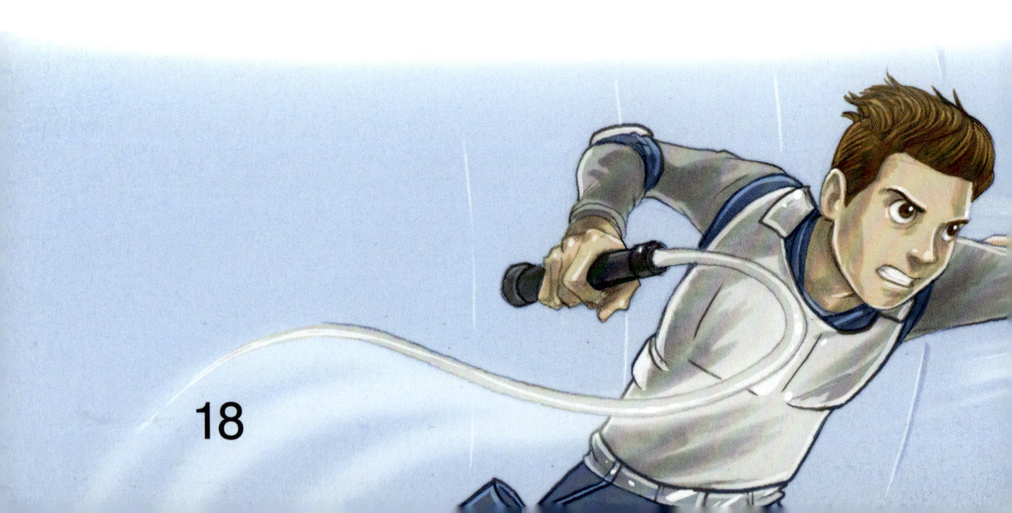

Jetzt drängt Taro Nelix an den Rand. Nelix kann nicht mehr weg … Er schreit: „Neeeiin!!!“ Nelix schüttelt seinen Kopf, dass die Haare hin und her fliegen. Das sieht so komisch aus! Taro muss lachen und passt nicht auf.

Nelix schlägt Taro das Schwert aus der Hand und schnappt es sich. Taro hat in letzter Sekunde verloren!

Taros große Chance

Nelix ist der Sieger. Er bekommt ein kleines Raumschiff. Simson gibt Nelix den Kom·mu·ni·ka·tor.

Da kommt Quark. Der Roboter nimmt seinen Helm ab und zaubert einen Blumen·strauß hervor.

Er sagt: „Diese Blumen halten exakt 13 Tage, zehn Stunden, sieben Minuten und vier Sekunden. Genauso lange wie die Flugzeit.“

Nelix fliegt los. Taro ist traurig.
Er will auch in dem Raumschiff
sitzen und ein Held sein!

14 Tage hören sie nichts von
Nelix. Am 15. Tag empfängt
Taro eine Nachricht mit seinem
Kommunikator.

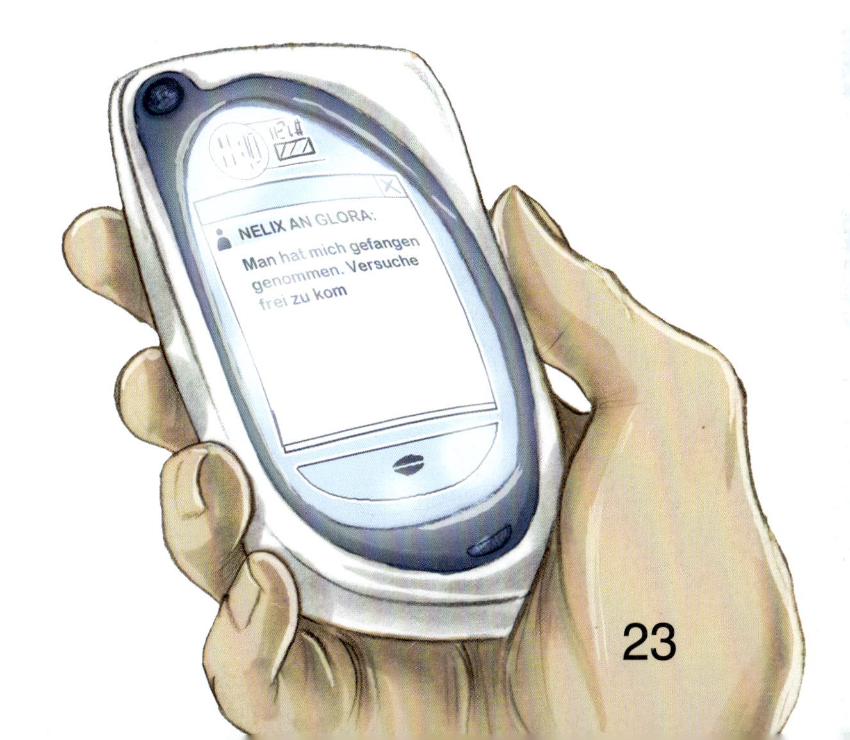

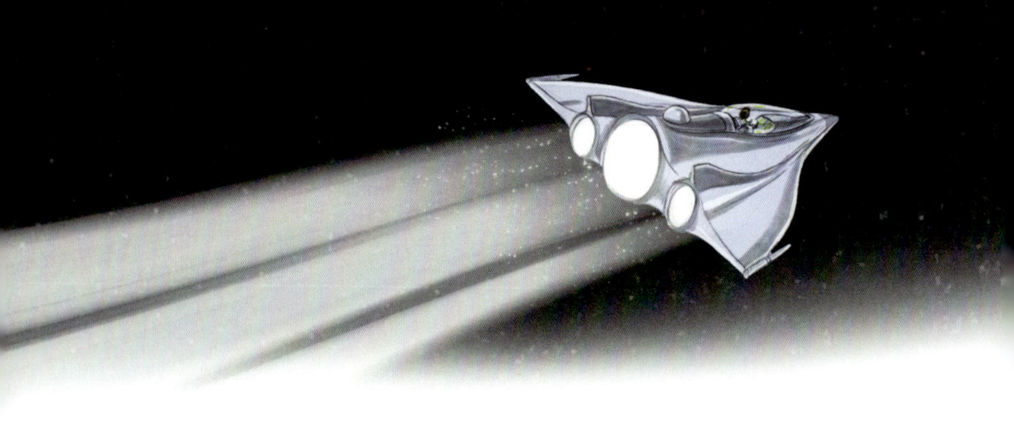

Nelix an Glora: Sie haben mich gefangen. Versuche, freizukommen.

Die Forscher von Glora beraten, wie sie Nelix helfen können. Sie entscheiden, dass Taro nach Kauturn fliegen und Nelix retten soll.

Taro nimmt Quark mit. Jetzt fliegen sie auch mit einem kleinen Raumschiff durchs Weltall.

Dann taucht Kauturn vor ihnen auf – ein hellblauer, großer Planet.

Im Palast der Königin

Taro und Quark landen an einem Waldrand. Dort lassen sie ihr Raumschiff zurück.
In der Nähe sehen sie einen Palast mit einem hohen Turm.

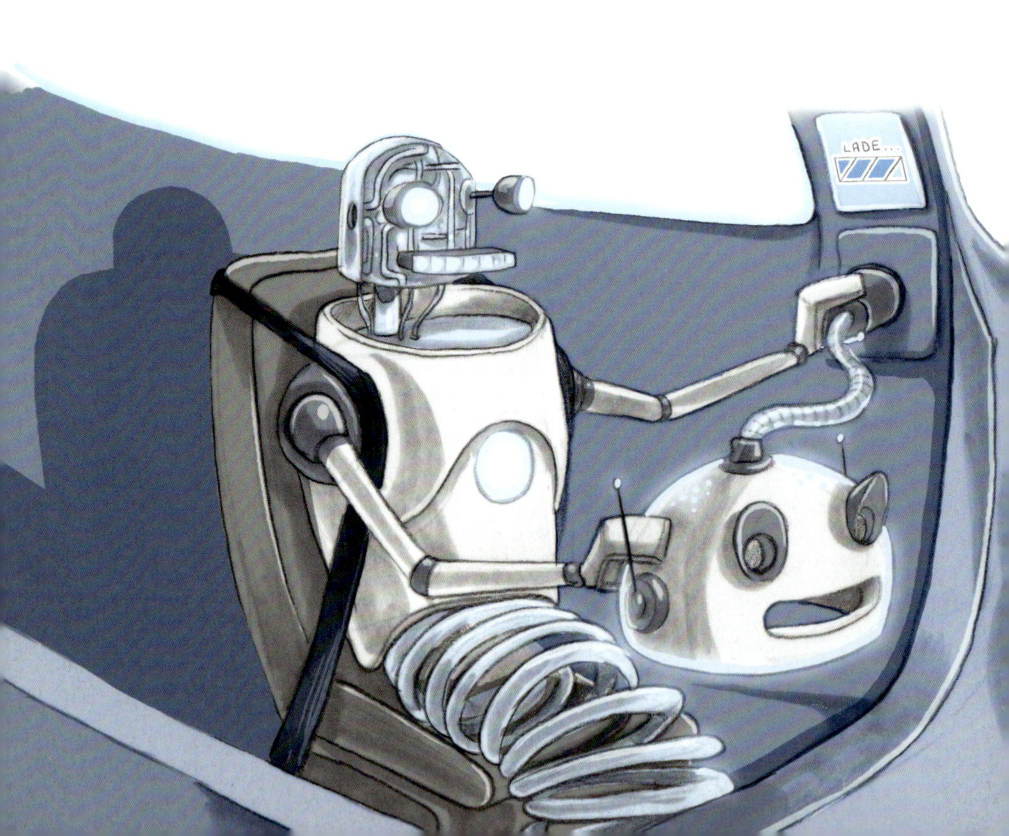

Hier wohnt bestimmt die Königin. Aber wie sollen sie Nelix finden?
Da fällt Taro etwas ein: Er ruft dreimal wie ein Kauz.
Das ist ein geheimes Zeichen zwischen Nelix und ihm.
Da ruft jemand leise zurück:
„Ich bin hier oben im Turm."
Das war Nelix!

Taro und Quark schleichen zum Palast. Zwei Wachen stehen davor und gähnen.

Taro hat eine Idee. Mit tiefer Stimme brüllt er: „Wachen sofort wegtreten! Aber öffnet zuerst das Tor. Befehl von Königin Zoe.“

Es funktioniert! Die Wachen gehorchen. Taro und Quark rennen durchs Tor.
Im Turm schleichen sie die Treppe hoch. Sie kommen zu einem Gitter·fenster, vor dem auch ein Wächter steht. Taro zieht sein Schwert.

Der Wächter ruft: „Wer ist da?"
Quark antwortet: „Piep, nur ein
R…roboter!"
Quark hüpft nach oben. Der
Wächter sieht dem Roboter
zu. Taro rennt an Quark vorbei
und schlägt dem Wächter das
Schwert aus der Hand.

Jetzt will sich der Wächter auf
Taro werfen, aber der Junge
weicht aus.
Der Wächter fällt die
Treppe hinunter.

Taro läuft zum Gitterfenster. Er öffnet es mit einem Hebel.

Nelix klettert hinaus.

Taro fragt: „Wo sind die Licht·kapseln?“

Nelix antwortet: „In den Stollen unter dem Palast.“

Sie rennen nach unten und am Wächter vorbei. Der hält sich vor Schmerz den Kopf.
Da ruft jemand: „Halt!“

Der magische Ring

Königin Zoe versperrt
ihnen den Weg. Aus ihrem
Zeigefinger schießt ein grüner
Energie·strahl. Plötzlich können
sich Taro und seine Freunde
nicht mehr von der Stelle
bewegen.
Taro fordert: „Lassen Sie uns
frei!“

Königin Zoe schaut böse und sagt: „Nein. Dieser Junge wollte eine Lichtkapsel stehlen."
Nelix sagt: „Nein! Ich hab mich nur in den Stollen umgesehen."
Königin Zoe lächelt kalt. „Lüg nicht."

Nelix wird wütend: „Ich lüge nicht, Sie blöde Kuh!“ Er streckt ihr die Zunge raus.
Die Königin zischt: „Das wirst du bereuen!“

Das klingt gar nicht gut. Taro flüstert Quark etwas zu.
Der Roboter zaubert lila Blumen aus seinem Helm.
Quark gibt sie der Königin.

Taro sagt höflich: „Wir brauchen Licht für unsere Sonne. Sonst stirbt unser Planet."
Königin Zoe seufzt: „Ach so! Leider kann ich euch nicht helfen. Wir können kein Licht in eine Kapsel füllen. Das Licht fließt immer wieder heraus."

Da taucht hinter der Königin ein Mädchen auf. An ihrer rechten Hand leuchtet ein Ring.

Das Mädchen will etwas sagen, aber die Königin zischt: „Sei still, Diana!“

Taro starrt die Prinzessin an.
Hat er sie schon mal gesehen?
Diana sieht ihn auch an und
sagt: „Taro?“
Da wird die Königin wieder
wütend. Sie befiehlt den
Wachen: „Sperrt die drei in den
Turm.“
Diana stellt sich vor Taro und
seine Freunde. Sie sagt: „Nein,
Mama!“

Die Königin schiebt ihre Tochter weg, aber Diana wehrt sich. Jetzt kämpfen beide. Beim Kampf fällt etwas auf den Boden: Dianas Ring!

Taro kann sich wieder bewegen.

Er schnappt den Ring und sagt:
„Das Licht des Rings ist so
stark! Vielleicht reicht es, um
Gloras Sonne zu retten?“
Die Königin rastet aus: „Gib
den Ring sofort wieder her!“

Diana sagt leise zu Taro: „Bitte,
gib ihn mir. Mama hat mir den
Ring geschenkt. Ich darf ihn
niemals hergeben. Und ich darf
auch den Planeten niemals
verlassen.“

Königin Zoe nickt: „Ganz genau. Das würde Unglück bringen.“

Das will Taro natürlich nicht und gibt Diana den Ring.

Auf einmal blinkt eine rote
Lampe bei Quark. Er sagt:
„Ich erhalte eine Nachricht
von Glora. Die Sonne ist sehr
schwach! Einige Bewohner sind
schon krank."
Diana meint: „Das klingt ja
furchtbar." Heimlich winkt sie
Taro zu und zeigt auf eine
kleine Tür.
Taro versteht: Diana will ihnen
helfen. Er gibt Nelix und Quark
ein Zeichen. Zu dritt werfen sie
sich auf die Königin.

Zoe stürzt. Diana kämpft gegen die Wachen.
Dann rennen Taro, Nelix und Quark mit Diana zu der Tür.
Hinter der Tür ist ein langer Gang. Sie rennen den Gang entlang und kommen am Waldrand heraus, wo das Raumschiff steht.

Diana ruft: „Jetzt aber schnell weg!“

Da kommt ein gelber Roboter und ruft: „Ich will auch mit!“
Diana seufzt: „Na gut. Aber beeil dich, Frofro.“

Eine Rakete aus Licht

Das Raumschiff rast ins Weltall.

Da meldet sich Quark: „Unser Treibstoff reicht nicht."

Taro fragt: „Quark, gibt es eine Lösung?“
Quark piepst traurig vor sich hin: „Habe keine Lösung gefunden.“

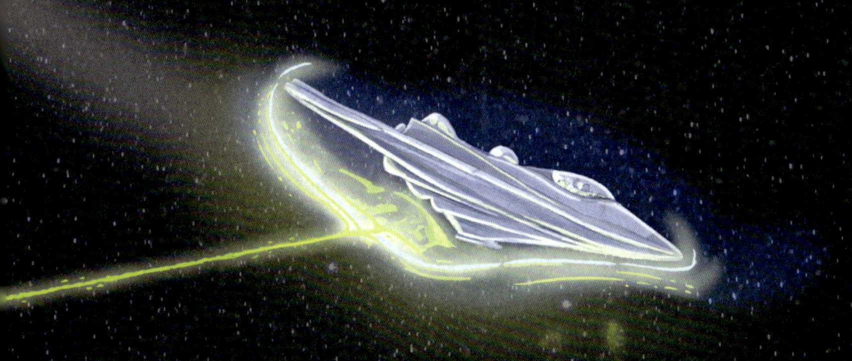

Alle haben Angst.

Da meldet sich Frofro:
„Ihr seid die tollsten und mutigsten Kinder, die ich je getroffen habe. Ihr helft euch gegenseitig. Ihr habt gegen Königin Zoe nicht aufgegeben. Das finde ich stark!“ Frofro strahlt.
Auf einmal geht es Taro viel besser. Er meint: „Frofro hat recht. Und wir dürfen auch jetzt nicht aufgeben.“

Sie durchsuchen das
Raumschiff nach Treibstoff.
Taro findet einen Knopf und
ruft: „Ich glaube, hier ist ein
Reserve·tank!“
Quark bestätigt: „Korrekt. Der
Tank hat genug Treibstoff.“
Hurra! Jetzt können sie bis
nach Glora fliegen.

Bald landet das Raumschiff sicher auf dem Planten. Dort warten viele Menschen auf sie. Taro umarmt seinen Vater. Dann steigt Diana aus dem Raumschiff. Auf einmal hat Simson Tränen in den Augen. Er sagt: „Diana! Ich habe gedacht, ich sehe dich nie wieder!“

Die Prinzessin umarmt Simson
und flüstert: „Papa!“
Taro ist total verwirrt. Warum
sagt Diana Papa zu seinem
Vater?

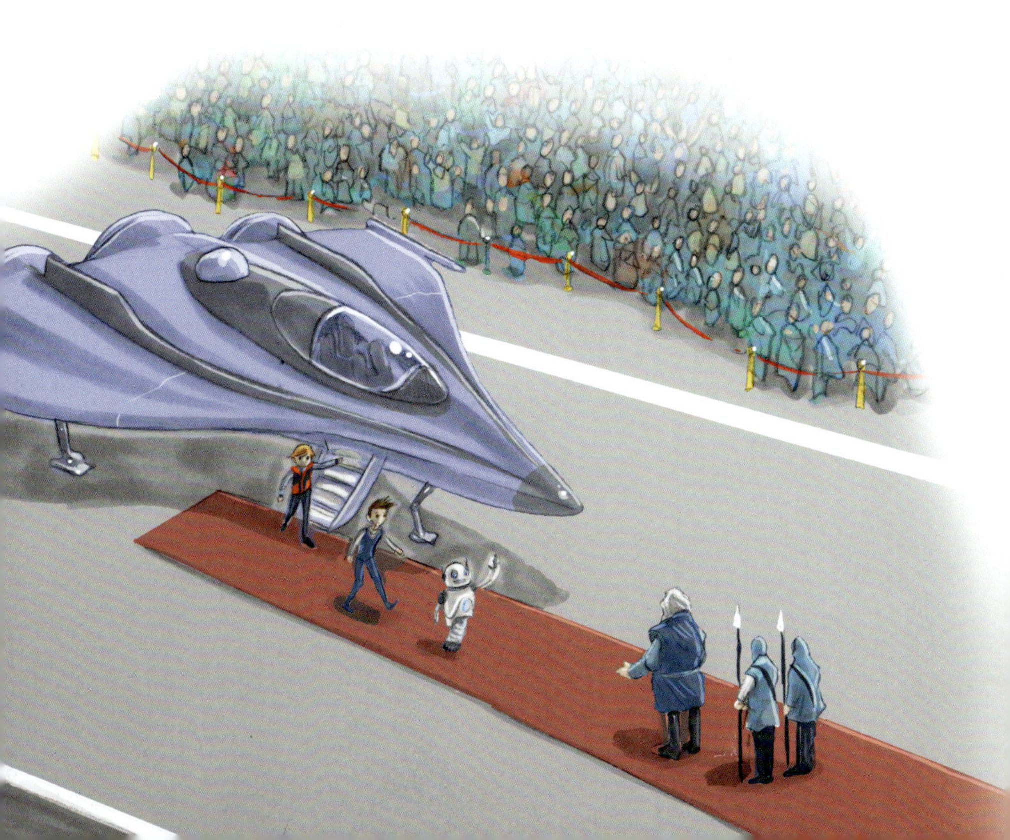

Simson holt tief Luft und sagt zu Taro: „Diana ist deine Schwester und Königin Zoe ist deine Mutter. Vor langer Zeit waren wir Königin und König auf Kauturn. Aber Zoe wollte immer mehr Macht. Vor sieben Jahren habe ich mich von ihr getrennt. Zoe hat Diana bei sich behalten. Ich bin mit dir nach Glora umgezogen.

Wir wollten nicht, dass ihr von unserem Streit wisst. Daher haben wir das Geheimnis für uns behalten.“ Deshalb wollte Zoe unbedingt, dass Diana bei ihr bleibt. Taro freut sich, denn er hat eine große Schwester!

Dann fällt Taro auf, wie kalt und dunkel es auf Glora ist. Das müssen sie sofort ändern! Diana öffnet vorsichtig die Kapsel ihres Rings. Das Licht strömt mitten in die Sonne hinein. Es wird wieder hell und warm.

Die Bewohner von Glora feiern bis in die Nacht.
Um Mitternacht kommt eine Botschaft von Kauturn. Königin Zoe an Taro, Nelix und Diana:

Tut mir leid, dass ich so gemein zu euch war. Ich bin stolz auf euch, dass ihr Glora gerettet habt. Ihr könnt mich jederzeit besuchen.

Taro zwinkert Nelix und Diana zu. „Dann nehmen wir aber genug Treibstoff mit!“

Glossar

Meteorit
Stein aus dem Weltall, der auf die Erde trifft

flimmern
unruhig, zittrig leuchten

Stollen
unterirdischer Gang in einem Berg oder einer Höhle

Kapsel
kleiner, runder Behälter

Stadion
Spielfeld mit Plätzen für Zuschauer

Kommunikator
Gerät, mit dem man Nachrichten austauschen kann

exakt
ganz genau

Kauz
eine Eulen-Art

Treibstoff
notwendige Tankfüllung

Reservetank
Gefäß mit Vorrat, den man im Notfall braucht

Leserätsel

Die wichtigsten Fragen zur Geschichte:
Wer · Was · Wo · Wie · Warum

Wer gewinnt den Wettkampf?

- ☐ Taro **I**
- ☐ Nelix **P**

Was ist das Problem?

- ☐ Die Sonne auf Glora wird schwächer. **L**
- ☐ Es gibt zu wenige Bäume auf Glora. **T**

Wo sind die Lichtkapseln?

- ☐ In einem Raum oben im Turm. **U**
- ☐ In den Stollen unter dem Palast. **N**

Wie laden sie die Sonne wieder auf?

- ☐ Mit dem Licht aus dem Ring. **E**
- ☐ Mit Treibstoff aus dem Reservetank. **A**

Warum kennt Diana Taros Namen?

- ☐ Sie ist seine Schwester. **T**
- ☐ Sie ist seine Mutter. **H**

Lösungswort:

		A			

Durchstarten und leichter lesen!

- Kurze Sätze
- Einfache Sprache
- Coole Themen

ISBN 978-3-473-**36141**-0

ISBN 978-3-473-**49170**-4

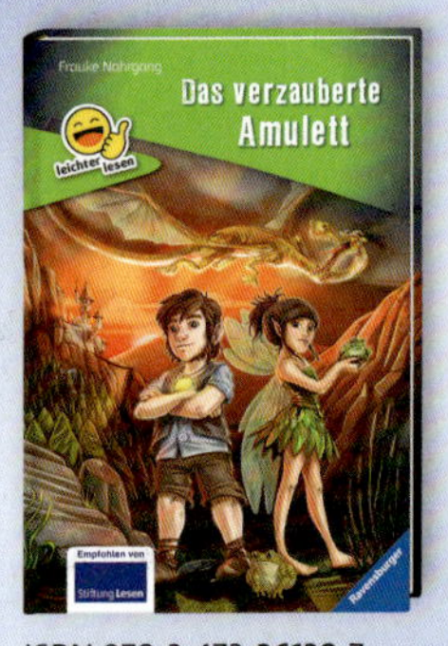

ISBN 978-3-473-**36139**-7

ISBN 978-3-473-**49166**-7

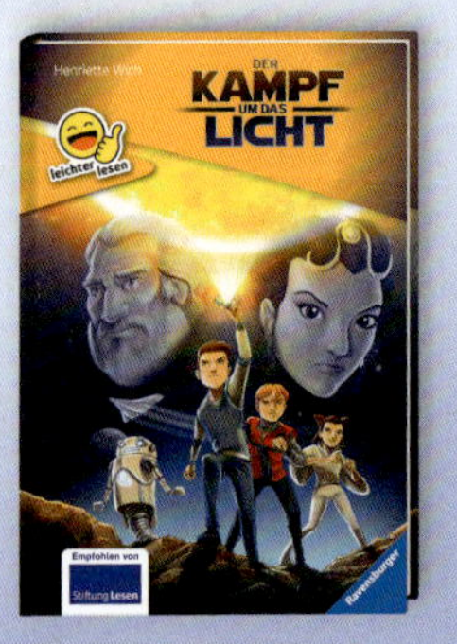

ISBN 978-3-473-**36140**-3

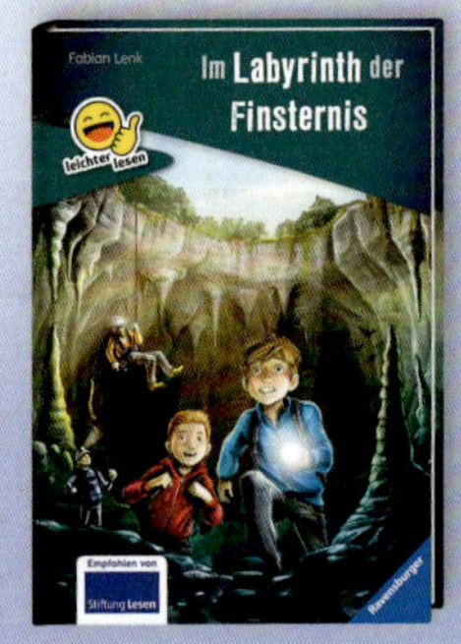

ISBN 978-3-473-**36138**-0

www.ravensburger.de

Ravensburger

ERZ_15_045